AF451854

PRINCIPES

D'ÉQUITATION, de GYMNASTIQUE

et

DE NATATION,

EXTRAITS DE DIVERS AUTEURS, A L'USAGE DES
OFFCIERS, SOUS-OFFICIERS ET BRIGADIERS
DES CORPS DE TROUPES A CHEVAL

PAR UN OFFICIER DE CAVALERIE.

avec 92 figures.

MAUBEUGE,

ED. DECAUSSENNE, IMPRIMEUR-LIBRAIRE.

1852.

IMPRIMERIE D'ED. DECAUSSENNE, A MAUBEUGE.

INSTRUCTION

POUR LA VOLTIGE MILITAIRE

A L'USAGE

des corps de troupes à cheval.

On ne doit pas perdre de vue qu'une des pre-mières conditions, en équitation militaire, est d'avoir de la souplesse; et que c'est à l'aide d'une voltige ou gymnastique équestre justement combinée et employée, qu'on pourra dé-velopper les organisations physiques les plus contraires à l'arme à laquelle elles étaient destinées.

Dans tous ces exercices, l'instructeur ne doit pas tolérer que les hommes se laissent entraî-ner à des actes exagérés de force ou d'a-dresse qui pourraient occasionner des accidents et compromettre sa responsabilité. Il doit s'at-tacher à développer l'agilité, l'adresse et la force du cavalier par un travail sagement mesuré et faire naître en lui la confiance et l'énergie que peuvent réclamer les circons-tances.

ASSOUPLISSEMENT

POUR

les leçons à cheval.

1re LEÇON A CHEVAL. — 2e Partie.

N° 1. *Sauter à terre et à cheval comme l'ordonnance.* Une fois l'élève à cheval, il faut examiner sa position naturelle afin d'exercer fréquemment les parties qui ont de la tendance à l'affaissement ou à la raideur.

N° 2. *Leçon de la tête.* Celle-ci devra tourner à droite et à gauche sans que ses mouvements réagissent sur les épaules.

N° 3. *Leçon du bras.* Le mouvoir dans tous les sens, d'abord ployé et ensuite tendu.

N° 4. *Leçon de la flexion des reins.* Qui porte la ceinture en avant, les redresser, les affaiser, se pencher sur la croupe. On renouvellera souvent la flexion des reins en laissant par fois l'élève retomber dans son affaissement naturel, afin de lui faire bien saisir l'emploi de force qui donnera promptement une bonne position au buste.

Ces assouplissements se feront en place.

2e LEÇON A CHEVAL.

N° 5. *Flexion des cuisses.* Eloigner autant que possible des quartiers de la selle l'une des deux cuisses, la rapprocher ensuite par un mouvement de rotation de dehors en dedans, afin de la rendre adhérente à la selle par le plus de contact possible.

L'instructeur veillera à ce que la cuisse ne retombe pas lourdement, elle doit reprendre sa position par un mouvement lentement progressif et sans secousses. Pendant la 1re *leçon*, on devra prendre la jambe de l'élève et la diriger pour bien faire comprendre la manière d'opérer ce déplacement ; il lui évitera ainsi de la fatigue et obtiendra de plus prompts résultats. Ce genre d'exercice, très fatiguant dans le principe, nécessite de fréquents repos.

Ces mouvements d'abduction (qui rendent la cuisse adhérente à la selle) et ceux d'abduction (qui l'éloignent) devenant plus faciles, les cuisses auront acquis un liant qui permettra de les fixer à la selle dans une bonne position.

N° 6. *Flexion des jambes.* Pour cette flexion, les genoux conserveront leur adhérence parfaite avec la selle, les jambes se mobiliseront, c-à-d que l'élève les remontera jusqu'à toucher le troussequin de la selle avec les talons.

Ces flexions répétées rendront les jambes promptement souples, liantes et indépendantes des cuisses.

On veillera, avec le plus grand soin, à ce que chaque force qui agit séparément n'en mette pas d'autres en jeu ; c'est-à-dire que le mouvement des bras n'influe jamais sur les épaules. Il devra en être de même pour les cuisses par rapport au tronc , pour les jambes par rapport aux cuisses.

Le déplacement et l'assouplissement de chaque partie isolée, une fois obtenus, on déplacera momentanément le buste et l'assiette afin d'apprendre au cavalier à se mettre en selle de lui-même.

N° 7. *Remise en selle.* L'instructeur placé sur le côté poussera l'élève par la hanche, de manière que son assiette se trouve portée en dehors du siége de la selle. Avant d'opérer un nouveau déplacement, l'instructeur laissera l'élève se remettre en selle en ayant soin de veiller à ce que pour reprendre son assiette, il ne fasse usage que des hanches et des genoux, afin de ne se servir que des parties les plus rapprochées de l'assiette, car le secours des épaules influerait sur la main et celle-ci sur le cheval, et le secours des jambes pourrait avoir de plus graves inconvénients.

Nota. Les assouplissements de la 2° leçon à cheval se feront en place d'abord, puis en marchant.

Dans la 5° leçon à cheval , répéter en marchant tous les assouplissements de la 1re et 2° leçon.

EXERCICES PROPRES A L'ASSOUPLIS-SEMENT.

Nota. Faire exécuter tous ces mouvements par temps en commandant UN et DEUX ; et, une fois le mouvement compris, faire exécuter les 2 temps à volon'é au commandement : *Commencez.* Ne le faisant cesser qu'au commandement : *Cessez.*

———

Les cavaliers étant coude à coude pour prendre les intervalles de 3 pas, chaque homme place sa main droite sur l'épaule de son voisin de droite au commandement : *Par la gauche, prenez vos intervalles,* et au commandement : *Marche,* appuie prenant son intervalle et laissant la main sur l'épaule du voisin jusqu'au commandement : *Cessez.*

Pour commencer les mouvements, faire l'avertissement : *Garde à vous,* et pour les cesser : *Cessez.*

Le commandement repos est fait après chaque mouvement.

Les cavaliers à 3 pas l'un de l'autre.

— N° 1. —

Indication. *Tourner la tête à droite et à gauche.*

1 Temps, 2 mouvements.

Au commandement de *un*, tourner lentement la tête vers l'épaule droite en donnant à ce mouvement le plus d'extension possible sans entraîner les épaules.

2. La tourner de la même manière vers l'épaule gauche et continuer ainsi.

— Nº 2. —

INDICATION. *Flexion de la tête en avant et en arrière.*

2 Temps.

Au commandement de *un*, incliner la tête vers la poitrine.

2. La relever et l'incliner modérément en arrière et continuer ainsi.

— Nº 3. —

INDICATION. *Flexion du corps en avant.*

1 Temps, 2 mouvements.

Au commandement de *un*, fléchir le corps en avant sans ployer les genoux, toucher le sol avec l'extrémité des doigts étendus en avant de la pointe des pieds, la paume tournée vers le corps.

2. Redresser le corps en envoyant les bras en arrière et les écartant un peu en effaçant les épaules et continuer ainsi.

— Nº 4. —

INDICATION. *Mouvement vertical des bras sans flexion.*

1 Temps, 2 mouvements.

Au commandement de *un*, élever vivement

les bras verticalement sans les fléchir , les poings fermés , les ongles en dedans.

2. Les ramener de même vers les cuisses qu'ils ne doivent pas dépasser et continuer ainsi.

— Nº 5. —

INDICATION. *Mouvement vertical des bras avec flexion.*

2 Temps.

Au commandement de *un*, tourner le dessus de la main en avant, élever les poings en les faisant glisser le long des cuisses et des hanches jusqu'aux aisselles , détachant les coudes du corps, imprimer aux poings un mouvement de rotation en dehors, les élever ensuite avec vivacité le plus haut possible au-dessus de la tête , les bras dans la position verticale , les doigts se faisant face.

2. Descendre les poings à hauteur des épaules , les coudes ouverts, imprimer aux poings un mouvement de rotation en dedans et les ramener énergiquement à leur place, en rasant le corps et les cuisses, le dessus de la main en avant et continuer ainsi.

— Nº 6. —

INDICATION. *Circumduction latérale des bras.*

1 Temps, 2 mouvements.

Au commandement de *un*, lancer avec force le bras droit tendu en avant le poing fermé.

2. Lui faire parcourir un cercle de bas en haut et de haut en bas, le poing rasant la cuisse et continuer ainsi.

NOTA. Faire ensuite ce mouvement du bras gauche et enfin des deux bras simultanément (plus ou moins vite).

— N° 7. —

INDICATION. *Mouvement horizontal des avant-bras.*

1 Temps, 2 mouvements.

Au commandement de *un*, étendre les avant-bras parallèlement en avant, les poings fermés, les ongles en dedans.

2. Retirer vivement les coudes en arrière en rasant le corps, les avant-bras fléchis et continuer ainsi.

— N. 8. —

INDICATION. *Étendre les bras latéralement et verticalement.*

1 Temps, 5 mouvements.

Au commandement de *un*, étendre simultanément le bras à droite et à gauche, la paume de la main ouverte et tournée vers le sol, les doigts joints et étendus.

2. Les élever verticalement au-dessus de la tête, les mains se touchant par leur bord interne, les pouces croisés.

3. Fléchir les bras par s'accades sans que les mains se séparent.

4. Allonger les bras par saccades.

5. Revenir à la première position en laissant tomber les mains à droite et à gauche et continuer ainsi.

— N° 9. —

INDICATION. *Fléchir la jambe.*

1 Temps, 2 mouvements.

Au commandement de *un*, fléchir la jambe gauche en arrière le plus haut possible en conservant la cuisse et le corps droits.

2. Ramener le pied à terre.

Exécuter le même mouvement de la jambe droite et continuer ainsi.

— N° 10. —

INDICATION. *Fléchir la cuisse et la jambe, les mains sur les hanches, les doigts réunis en avant, le pouce derrière.*

1 Temps, 2 mouvements.

Au commandement de *un*, élever le genou gauche, la cuisse placée horizontalement, la jambe tombant naturellement, la pointe du pied baissée et légèrement tournée en dehors.

2. Ramener le pied à terre, exécuter le même mouvement de la jambe droite. (Dans la ca-

dence de course, le mouvement s'exécute par un sautillement alternatif sur la pointe des pieds.)

— N° 11. —

INDICATION. *Flexion sur les extrémités infé- rieures.*

1 Temps, 2 mouvements.

Au commandement de *un*, rapprocher les pieds l'un contre l'autre en portant le poids du corps en avant, abaisser lentement le corps en pliant les jarrets de manière que les cuisses touchent autant que possible les mollets, les bras tombant le long du corps, le poids du corps portant sur la pointe des pieds.

2. Se relever graduellement, le corps d'aplomb.

ÉQUILIBRE.

— N° 12. —

INDICATION. *Se tenir sur une jambe, l'autre ployée en avant. (Équilibre sur le pied droit.)*

1 Temps, 2 mouvements.

Au commandement de *un*, porter le poids du corps sur le pied droit.

2. Lever le genou gauche le plus haut possible, placer les doigts croisés sur le milieu

de la jambe, serrer le plus possible la cuisse contre le ventre et la jambe contre la cuisse, le pied tombant naturellement, le corps droit.

(L'équilibre sur le pied gauche suivant les mêmes principes.)

— N° 13. —

INDICATION. *Se tenir sur une jambe, l'autre ployée en arrière. (Equilibre sur le pied droit.)*

1 Temps, 2 mouvements.

Au commandement de *un,* porter le poids du corps sur le pied droit.

2. Fléchir la jambe gauche en arrière, la saisir en dehors au cou-de-pied avec la main gauche, l'appuyer fortement sur la cuisse qui reste verticale, le bras droit en l'air, le poing fermé, les ongles en dedans.

(Pour le pied gauche même principe.)

— N° 14. —

INDICATION. *Lancer alternativement les poings en avant.*

1 Temps, 2 mouvements.

Au commandement de *un,* porter les coudes en arrière, les poings sur la poitrine.

2. Lancer le poing droit en avant en étendant vivement le bras de toute sa longueur, avançant l'épaule du même côté et effaçant l'autre

épaule, replacer aussitôt le bras et le poing dans la position indiquée et continuer ainsi.

Exécuter le même mouvement avec le bras gauche.

Exécuter ensuite en même temps avec les deux bras sans effacer les épaules.

MOUVEMENT DES JAMBES.

— N° 15. —

INDICATION. *Flexion simultanée des cuisses et des jambes, les bras pendants.*

1 Temps.

Au commandement de *un*, donner une secousse égale aux deux bras que l'on porte en avant et en haut les poings fermés, les ongles en dedans, s'enlever par une forte impulsion, fléchir simultanément les cuisses et les jambes le plus possible, tomber sur la pointe des pieds en reprenant la position.

Cet exercice se continue au commandement de *un* répété chaque fois.

Dans le cas où cet exercice se ferait à volonté, on commandera :

INDICATION. *Flexion simultanée des cuisses et des jambes, à volonté.*

EXÉCUTION : Marche. POUR ARRÊTER : Cavalier, Halte.

— Nᵒ 16. —

INDICATION. *Sautillement sur la jambe droite (ou gauche.)*

1 Temps, 3 mouvements.

Au commandement de *un*, porter tout le poids du corps sur la jambe désignée, ployer l'autre jambe, la cuisse horizontalement, la jambe tombant naturellement, les coudes au corps, l'avant bras ployé, les poings fermés.

2. Se porter en avant sur un seul pied par un sautillement, en portant les bras en avant et les replaçant aussitôt à la première position.

3. Se porter également en avant sur l'autre pied par un sautillement, en prenant la position indiquée au 1ᵉʳ temps.

— Nᵒ 17. —

INDICATION. *Exercice pyrrhique.*

Extrémités droites en avant.

Au commandement de *un*, faire un demi à gauche sur le talon gauche, porter le pied droit en avant, les talons à 41 centimètres du milieu du pied gauche, le jarret droit plié, la jambe gauche tendue, le bras droit allongé en avant, le poing fermé et à hauteur de l'épaule, les ongles légèrement en dessus, le bras gauche peu fléchi et incliné le long du corps, le poing fermé et à environ 16 centimètres de la cuisse, les ongles vers la cuisse, le haut du corps penché en avant, la tête droite, les yeux fixés devant soi, l'épaule gauche effacée.

2. Redresser le corps, rapporter le talon droit près du milieu du pied gauche sans toucher la terre, tourner en même temps l'avant bras droit de manière que, décrivant un cercle de bas en haut, le poignet vienne raser la poitrine à la hauteur du téton droit, porter brusquement le poing en avant, les ongles légèrement en-dessus, se fendre de la jambe droite à environ 65 centimètres, le pied frappant le sol avec force, le haut du corps en avant, la jambe gauche reste tendue, le pied à plat, le bras gauche tourné en dehors et allongé le long de la cuisse et continuer ainsi.

VOLTIGE SUR LES BARRES PARALLÈLES FIXES.

1. *Suspension sur les mains.*

L'homme se place entre les barres, en saisit une de chaque main, la paume appuyée sur la crête de la barre, le pouce en dedans, les quatre doigts en dehors : faire effort sur les poignets pour élever le corps, la tête droite, les jambes pendantes, les talons joints, se soutenir dans cette position le plus longtemps possible, poser ensuite les pieds à terre en détachant les mains simultanément et sortir immédiatement des barres en se portant en avant.

2. *Se porter en avant ou en arrière par un mouvement alternatif des mains.*

L'homme se place comme au n° 1, fait un mouvement de progression en faisant glisser alternativement les mains à 16 centimètres en avant et continue ainsi jusqu'à l'extrémité. Arrivé à ce point, il balance les jambes en arrière et en avant et s'élance à terre en avant.

3. *Se porter en arrière ou en avant par saccades.*

L'homme étant suspendu sur les mains entre les barres, fléchit légèrement les bras et, par un mouvement saccadé, porte les deux mains en même temps en avant à 16 centimètres, le haut du corps penché en avant, il continue jusqu'à l'extrémité des barres.

4. *Descendre le corps et le remonter par la flexion et l'extension des bras.*

L'homme étant suspendu sur les mains entre les barres, fléchit lentement les bras, descend le corps en pliant les jambes pour éviter de toucher la terre, remonte le corps en faisant effort sur les poignets et répète plusieurs fois le mouvement. Dans le commencement ne fléchir que très peu, puis descendre le corps le plus possible.

5. *Balancer les jambes en avant et en arrière.*

L'homme étant suspendu sur les mains, balance lentement les jambes en avant, puis en arrière et augmente progressivement l'étendue des mouvements sans dépasser la ligne horizontale pour éviter le renversement du corps.

6. *Suspension par les mains et les pieds.*

L'homme étant suspendu sur les mains, lance les jambes en arrière en les élevant un peu au-dessus des barres, les écarte aussitôt, accroche un pied en dehors de chaque barre, s'allonge et abaisse lentement le corps qui reste ainsi suspendu par les mains et les pieds.

L'homme relève ensuite le corps en redressant les bras l'un après l'autre, détache les pieds des barres et laisse pendre les jambes naturellement.

(Cet exercice s'exécute aussi en tournant le dos vers la terre.)

7. *Porter les jambes en avant sur la barre droite, ensuite sur la barre gauche.*

L'homme étant suspendu sur les mains, porte les jambes en avant sur la barre droite, les jarrets s'y appuyant, les ramène entre les barres, les reporte de la même manière sur la barre gauche. Puis on habitue les hommes à porter les jambes d'une barre à l'autre sans revenir à la première position.

8. *Porter les jambes en arrière sur la barre droite, ensuite sur la barre gauche.*

L'homme étant suspendu sur les mains, porte les jambes en arrière sur la barre droite, les jarrets s'y appuyant, les ramène entre les barres, les reporte en arrière sur la barre gauche et continue ainsi.

On habitue aussi les hommes à porter les jambes de la barre droite en avant à la barre gauche en arrière et à les passer en avant sur la barre gauche pour les reporter ensuite en arrière sur la barre droite, et revenir ensuite à leur position.

9. *Soutenir le corps sur les poignets dans une position horizontale les jambes en arrière.*

L'homme étant suspendu par les mains, penche lentement le haut du corps en avan, son poids portant sur les poignets, élève les jambes en arrière pour les placer horizontalement et se maintient dans cette position, il reprend ensuite lentement sa première position.

10. *Se lancer à terre en avant vers la droite, ou vers la gauche.*

L'homme étant suspendu sur les mains, porte les jambes en avant, puis en arrière, les reporte en avant par dessus la barre droite en poussant le corps dans cette direction avec les bras et tombe à terre. A la fin la main gauche remplace la main droite sur la barre droite.

On s'élance à terre en avant vers la gauche suivant les mêmes principes.

11. *Se lancer à terre en arrière vers la droite, ou vers la gauche.*

L'homme étant suspendu sur les mains, porte les jambes en arrière, puis en avant, les reporte en arrière les jarrets tendus, par dessus la barre droite en poussant le corps dans cette direction et tombe à terre la main gauche remplaçant la main droite.

On se lance à terre en arrière vers la gauche d'après les mêmes principes.

12. *Franchir les barres en 3 temps en s'élançant en avant à droite ou à gauche.*

L'homme se place à 10 ou 12 pas des barres perpendiculairement à leur direction, s'élance, frappe des pieds le sol, place une main sur chaque barre, la gauche sur la première, les pouces en dedans, enlève le corps en baissant la tête et portant les jambes en arrière les jarrets tendus, les passe par dessus la première barre, les porte en avant entre les barres, les passe par dessus la seconde et s'élance à terre, la main gauche remplaçant la main droite

13. *Franchir les barres en 4 temps en s'élançant en arrière à droite ou à gauche.*

L'homme s'élance, frappe des pieds le sol

et entre dans les barres comme au n° 12, porte les jambes en avant, les reporte en arrière, les passe par dessus la barre droite et s'élance à terre.

(Cet exercice s'exécute par la gauche suivant les mêmes principes.)

14. *Franchir les barres en 5 temps.*

1° En appuyant les mains sur les 2 barres·

L'homme s'élance, frappe des pieds le sol, place les mains comme au n° 15, enlève les jambes en arrière en baissant la tête, raidit les bras, donne une impulsion au corps de gauche à droite, franchit les barres et s'élance à terre de l'autre côté.

Cet exercice s'exécute aussi en plaçant la main droite sur la 1re barre et la main gauche sur la 2e; on enlève le corps de droite à gauche.

2° En appuyant les mains sur la 1re barre.

Dans cet exercice les deux mains se placent sur la 1re barre.

3° En appuyant les mains sur la 2e barre.

Cet exercice diffère du précédent seulement en ce que les deux mains se placent sur la 2e barre.

15. *S'établir debout sur les barres* A B.

VOLTIGE SUR LE CHEVAL DE BOIS.

L'instructeur place deux hommes près du cheval pour prêter aide au besoin.

VOLTIGE PAR LA CROUPE DU CHEVAL,

l'homme s'élançant vers le cheval en courant.

Nº 1. 1er EXERCICE. *Enlever le corps et les jambes, les mains sur la croupe et se lancer en arrière.*

L'homme se place à 10 ou 12 pas en arrière du cheval, s'élance, frappe des pieds le sol en même temps qu'il applique les mains sur la croupe, les doigts en dehors, baisse la tête et, par un vigoureux élan, s'enlève les jambes tendues et réunies, le poids du corps portant sur les mains, les bras presque tendus; il donne au corps une légère impulsion en arrière pour retomber à terre les bras en avant, les poings à hauteur des épaules.

Nº 2. 2e EXERCICE. *S'asseoir sur la croupe face à droite ou face à gauche.*

L'homme s'élance, applique les mains sur la croupe, s'enlève en faisant passer les jambes à gauche du cheval, s'assied sur la croupe face à gauche, se laisse glisser de la croupe en se donnant un léger élan et arrive à terre.

N° 3. 3ᵉ Exercice. *Se mettre à cheval sur la croupe et descendre.*

L'homme s'élance, applique les mains sur la croupe, s'enlève en écartant les jambes et se met à cheval sur la croupe le corps droit et placé. Pour descendre, l'homme place les mains devant et contre les cuisses, les doigts en dehors, s'enlève sur les poignets, les bras joints au corps, baisse la tête, enlève les jambes et s'élance à terre en arrière.

N° 4. 4ᵉ Exercice. *Sauter en croupe, se mettre en selle, s'asseoir sur l'encolure et descendre.*

L'homme s'élance sur la croupe comme à l'exercice n° 3, prend un point d'appui sur le pommeau avec les mains et se met en selle; il prend un nouveau point d'appui sur l'encolure, s'y met à cheval, réunit la jambe droite à la jambe gauche en la passant par dessus l'encolure et s'assied face à gauche, les mains placées face à droite et à gauche sur l'encolure, les doigts en avant; il s'élance à terre le plus loin possible en s'aidant des bras et des jambes.

(Cet exercice s'exécute sans interruption.)

N° 5. 5ᵉ Exercice. *S'établir à genoux sur la croupe et descendre.*

L'homme s'élance, applique les mains sur la croupe, s'enlève sur les poignets, les cuisses et les jambes fléchies, se met à genoux sur la croupe, relève le corps et la tête et porte les bras en avant, les poings à hauteur des épaules.

Pour descendre, il place les mains près des genoux, les doigts en dehors, s'enlève sur les poignets, les bras joints au corps, s'élance en arrière et arrive à terre.

N° 6. 6e EXERCICE. *S'établir debout sur la croupe et descendre.*

L'homme s'élance, applique les mains sur la croupe, s'enlève le corps rassemblé, porte les pieds sur la croupe et se redresse les bras en avant.

Pour descendre, l'homme frappe légèrement des pieds sur la croupe, penche le corps en avant, enlève les jambes, prend un point d'appui sur la croupe avec les mains et s'élance en arrière pour arriver à terre.

N° 7. 7e EXERCICE. *Se mettre en selle et descendre.*

L'homme s'élance, applique les mains sur la croupe, s'enlève sur les poignets, le corps horizontal, les jambes écartées et, par l'impulsion du corps en avant, porte vivement et simultanément les mains sur l'encolure; il se met en selle les bras en avant, les poings à hauteur des épaules.

Pour descendre, l'homme place la main gauche au pommeau, les doigts en dehors, le pouce en dedans, pose la main droite à plat devant la cuisse droite, s'enlève, le genou gauche appuyant contre la selle, passe la jambe droite tendue par dessus la croupe pour la réunir à la gauche, porte en même temps la main droite au trousséquin, le pouce en dedans, les doigts en dehors, baisse la tête, s'enlève sur les poignets, le corps portant sur les coudes et s'élance à terre.

N° 8. 8ᵉ Exercice. *Arriver à cheval sur l'encolure sans s'y asseoir et descendre.*

L'homme s'élance, applique les mains sur la croupe, les porte vivement sur l'encolure en franchissant la selle sans s'y asseoir, le poids du corps portant sur les poignets.

Pour descendre, l'homme balance les jambes en avant et en arrière et, par une impulsion des jambes combinée avec un effort des poignets, passe la jambe droite par dessus la selle et tombe à gauche du cheval les pieds réunis.

N° 9. 9ᵉ Exercice. *Franchir le cheval en 3 temps.*

L'homme s'élance, applique les mains sur la croupe, porte les mains sur l'encolure en franchissant la selle et arrive à terre le plus loin possible.

N° 10. 10ᵉ Exercice. *Franchir le cheval en 2 temps.*

L'homme s'élance, se donne une impulsion telle que d'un bond il arrive à appliquer les mains sur l'encolure et franchit le cheval.

(On fait aussi exécuter cet exercice en portant les mains sur la croupe.)

Nº 11. 11ᵉ Exercice. *Se mettre à cheval sur la croupe, de gauche à droite et de droite à gauche.*

L'homme s'élance, applique les mains sur la croupe, porte les jambes réunies du côté gauche du cheval, lève la main gauche, passe la jambe droite par dessus la croupe, replace la main gauche entre les cuisses, déplace la main droite et se met à cheval sur la croupe, les bras tombant naturellement.

(L'homme étant bien exercé peut d'un seul élan se mettre à cheval sur la selle.)

L'homme descend à volonté par l'un des moyens précédemment indiqués.

Nº 12. 12ᵉ Exercice. *Franchir la croupe du cheval de droite à gauche, ou de gauche à droite.*

L'homme exécute ce qui est prescrit à l'exercice précédent avec cette différence qu'au lieu de se mettre à cheval sur la croupe, il lance les deux jambes par dessus le cheval pour tomber à droite ou à gauche suivant les principes prescrits.

VOLTIGE PAR LE TRAVERS DU CHEVAL.

N° 1. *Sauter à cheval et à terre.*

L'homme se place du côté gauche du cheval, saisit le pommeau de la main gauche et le troussequin de la main droite, fléchit sur les extrémités inférieures, fait effort des poignets, s'enlève par une vive extension des jarrets, le poids du corps portant sur les mains, les cuisses appuyées contre la selle; il détache la jambe droite, le jarret tendu, quitte le troussequin, passe la jambe par dessus la croupe sans la toucher, en avançant l'épaule droite et rapportant la main droite près de la main gauche et se place doucement à cheval.

SAUTER A TERRE.

Il place la main gauche sur le pommeau, les doigts en dehors, le pouce en dedans, pose la main droite à plat devant la cuisse droite et s'enlève; il passe la jambe droite tendue par dessus la croupe pour la réunir à la jambe gauche, porte la main droite au troussequin et saute à terre.

N° 2. *Se mettre à genoux sur la selle et sauter en avant.*

L'homme saisit le pommeau et le troussequin, s'enlève et se met à genoux sur la selle, porte les bras parallèlement en avant puis baisse les bras, rassemble le corps, se donne un élan en portant les poings en avant et en haut, franchit la selle en développant les jambes et arrive à terre.

Nº 3. *Franchir le cheval en plaçant les mains sur le pommeau et le troussequin, les jambes passant entre les bras.*

L'homme s'enlève comme au nº 2, rassemble les jambes le plus possible pour les passer entre les barres sans toucher la selle, lâche le pommeau et le troussequin et arrive de l'autre côté du cheval.

Nº 4. *Franchir le cheval en lançant les jambes par dessus la croupe.*

L'homme placé à 10 ou 12 pas près du cheval s'élance, place les mains sur le pommeau et le troussequin, enlève les jambes en baissant la tête, tend les bras, se donne une impulsion de gauche à droite, ou de droite à gauche, franchit le cheval les jambes réunies et arrive à terre.

Nº 5. *Franchir le cheval en prenant un point d'appui sur la selle avec une main.*

L'homme s'élance, place la main droite sur la selle, lance les jambes réunies par dessus l'encolure et tombe de l'autre côté, la main gauche remplaçant la main droite.

Cet exercice s'exécute aussi en plaçant la main gauche sur la selle et passant les jambes par dessus la croupe.

EXERCICES A SEC DE NATATION,

POUVANT SERVIR POUR LA VOLTIGE.

Les instructeurs se conformeront, pour faire prendre les intervalles et pour les commandements, à ce qui est prescrit pour les assouplissements du corps.

INDICATION. *Développement du bras et de la jambe droite.*

(fig. 1 et 2.)

1 Temps, 2 mouvements.

Au commandement de *un,* fixer le bras contre le téton droit, le coude au corps, l'avant-bras plié sur le bras, la main ouverte, les doigts joints et allongés, la paume de la main tournée vers le corps, rapporter en même temps le talon droit contre l'articulation du genou gauche, la pointe du pied baissée, et se tenir en équilibre sur le pied gauche.

2. Etendre simultanément la jambe en bas en l'écartant de 55 centimètres du pied gauche, le bras en haut verticalement, et continuer ainsi.

(Mêmes mouvements pour la partie gauche.)

INDICATION. *Développement des bras.*

(fig. 3, 4, 5, 6 et 7.)

1 Temps, 4 mouvements.

Au commandement de *un*, porter les coudes

contre le corps, rapprocher les mains l'une contre l'autre, le pouce en dessus, les doigts joints et allongés.

2. Étendre les bras en avant et les mains jointes.

3. Écarter les bras en leur faisant décrire un demi cercle, les bras tendus, la paume des mains en dessous.

4. Revenir à la première position.

INDICATION. *Développement des jambes.*

(fig. 8, 9 et 10.)

1 Temps, 4 mouvements.

Au commandement de *un*, mettre les mains sur les hanches, les pouces en arrière.

2. Écarter le genou droit en rapprochant le talon du genou gauche, le genou et la cuisse ouverts autant que possible, ainsi que la pointe du pied.

3. Allonger vivement la jambe en l'écartant à 33 centimètres de la gauche.

4. Rapporter la jambe droite à côté de la gauche en revenant à la première position.

INDICATION. *Exercice simultané des bras et des jambes.*

(fig. 11, 12, 13 et 14.)

1 Temps, 4 mouvements.

Au commandement de *un*, prendre la position pour les mains et la jambe droite des fig. n° 7, pour les mains, et n° 8, pour la jambe droite.

2. Étendre en même temps les bras en avant et la jambe droite à 55 centimètres sur la gauche.

3. Rapprocher la jambe droite de la gauche en séparant les mains, les paumes en dessous et un peu relevées du côté du petit doigt, faire décrire aux bras un demi cercle en les écartant.

4. Revenir à la première position.

INDICATION. *Mouvements sur le chevalet.*

L'homme est couché en travers à plat ventre sur le cheval de bois, les cuisses et les genoux écartés, les talons se touchant, la pointe des pieds tendue et ouverte, les bras et les mains placés comme à la fig. 5, la tête relevée.

(fig. 15, 16, 17 et 18.)

1 Temps, 3 mouvements.

Au commandement de *un*, étendre les bras en avant, les mains jointes, les jambes en arrière, celles-ci écartées.

2. Réunir les jambes, séparer les bras à 18 centimètres, les paumes en dessous, le côté extérieur relevé.

3. Décrire un demi cercle les bras tendus, en revenant a la première position.

FIN.

N° 1.

Tourner la tête à droite
et à gauche.

n° 2.

fléchir la tête en avant
et en arrière.

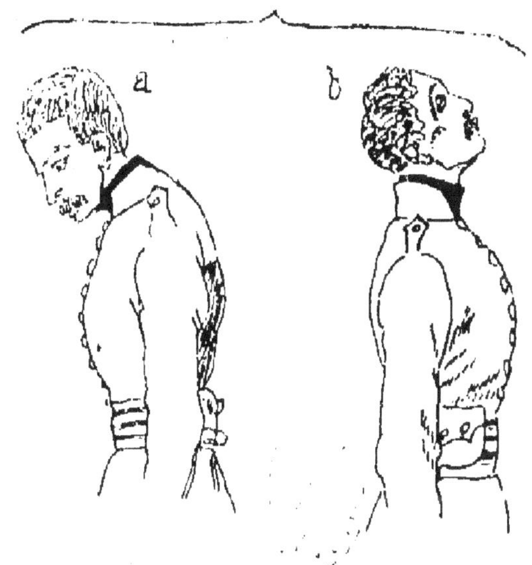

N.º 3.

Fléchir le corps en avant
et en arrière.

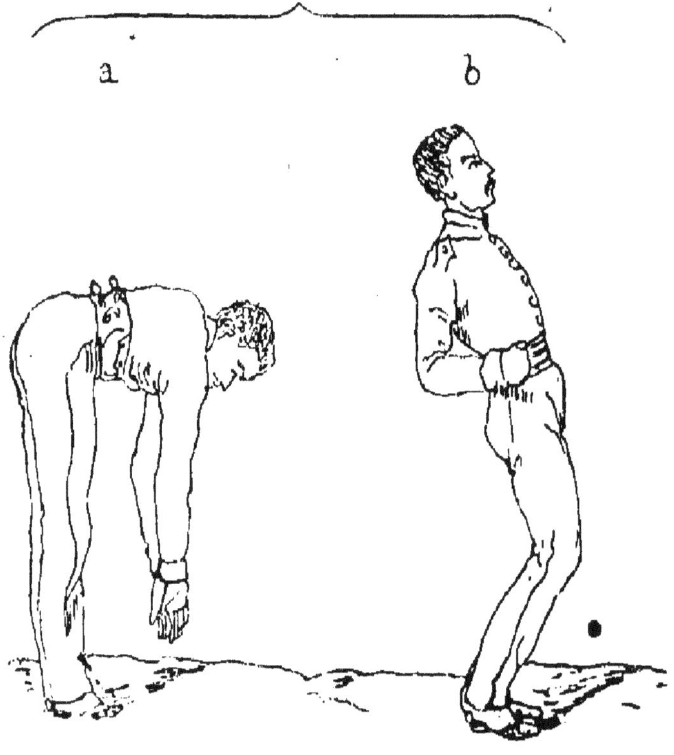

N.º 4.
Élever et abaisser les bras
sans flexion.

N.º 5.
Mouvement vertical des bras
avec flexion.

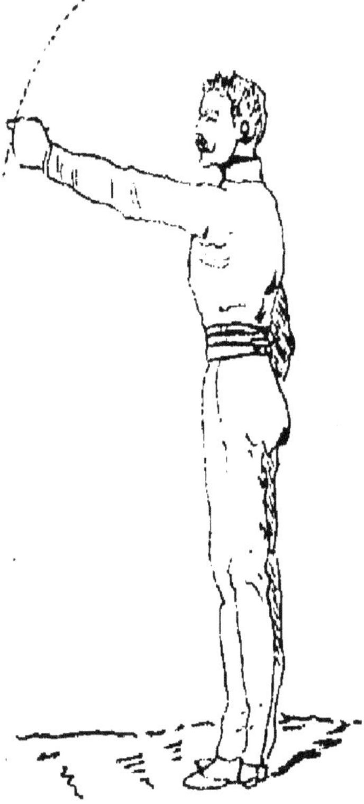

N.º 6.
circumduction latérale
des ⅂ Bras.

Nᵒ 7.

Mouvement horizontal
des avant bras.

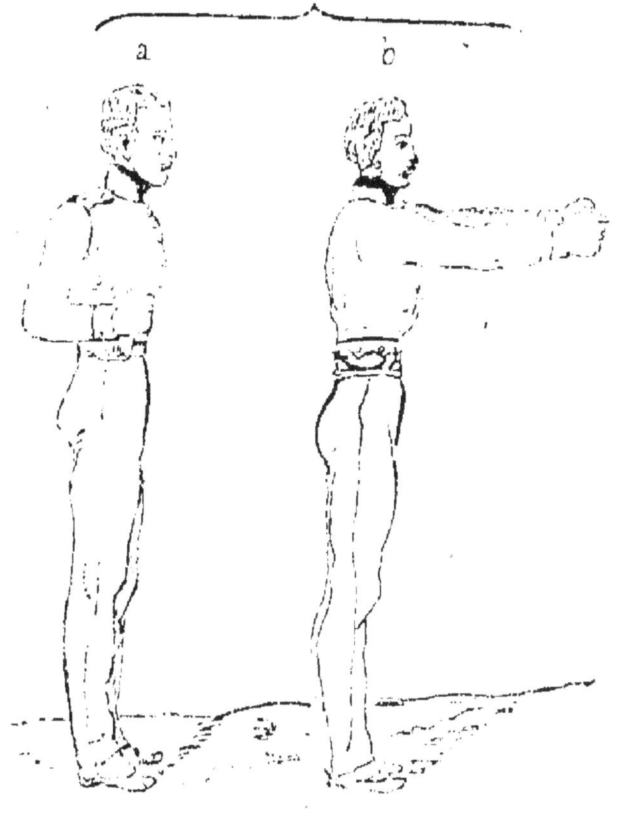

N.° 8.
Étendre les bras latéralement
et verticalement.
a
b

N.º 12.

Se tenir sur une Jambe
l'autre ployée en avant.

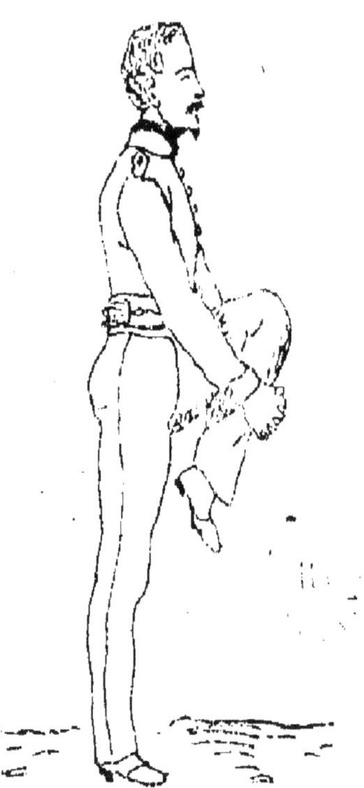

Nº 13

Se tenir sur une Jambe,
l'autre ployée en arrière.

N° 14.

Lancer alternativement
les poings en avant.

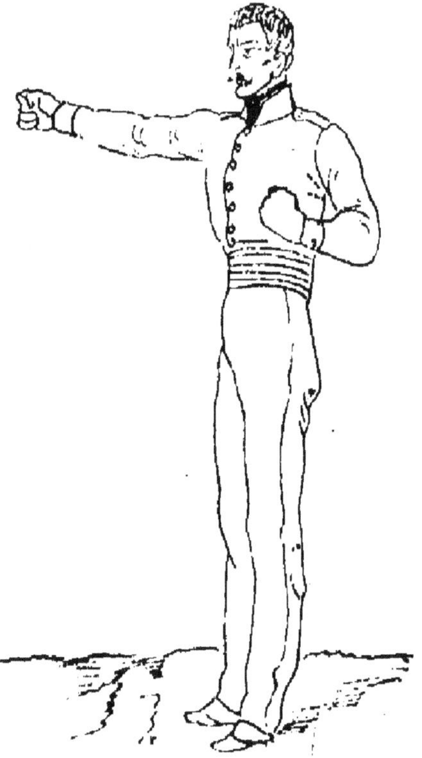

N.º 15.
Flexion simultanée
des Cuisses et des Jambes.

N.º 16.
Sautillement
sur une Jambe.

N.º 17.
Exercice Gymnastique.

a

b

N°1.
Suspension sur les mains.

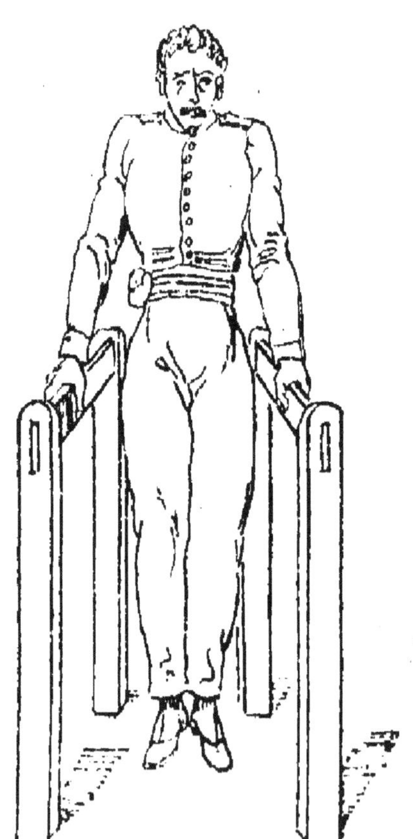

Nᵒˢ 2 & 3.

Se porter en avant ou en arrière par un mouvement alternatif des mains.

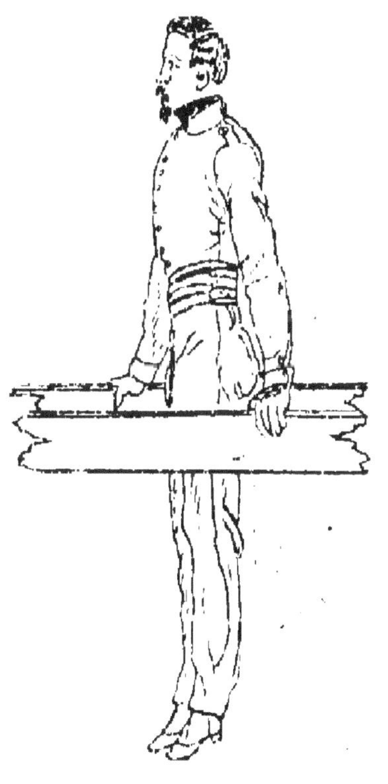

Nᵒ 4.

Descendre le corps et le remonter par la flexion et l'extension des Bras.

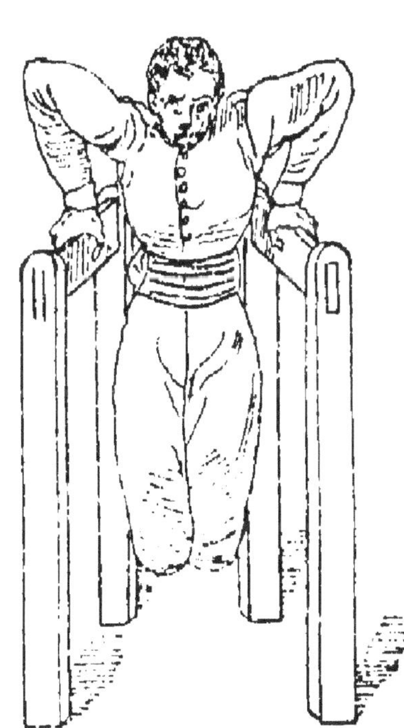

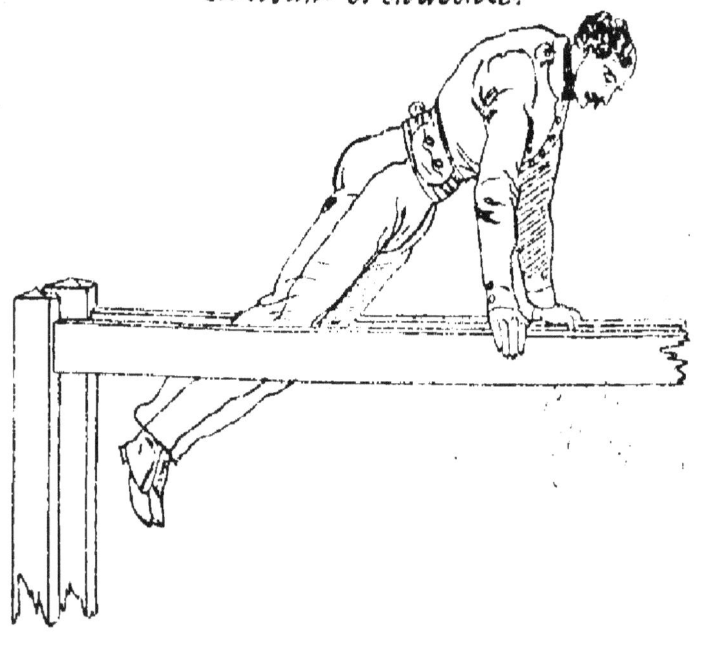

N.º 5.
Balancer les Jambes
en avant et en arrière.

N.° 6.

Suspension par les mains et les pieds.

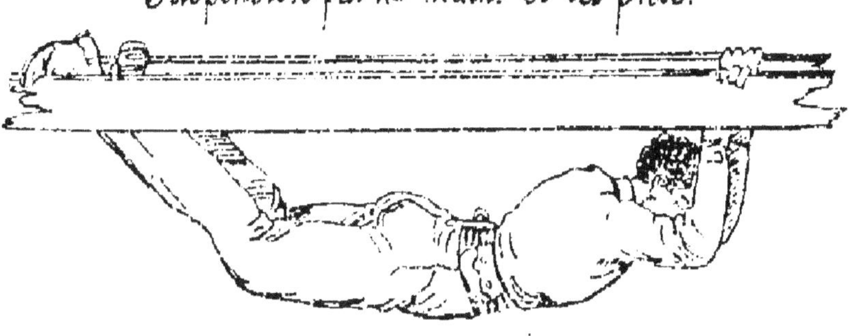

N.° 6.

Se suspendre par les mains et les pieds
le dos tourné vers la terre.

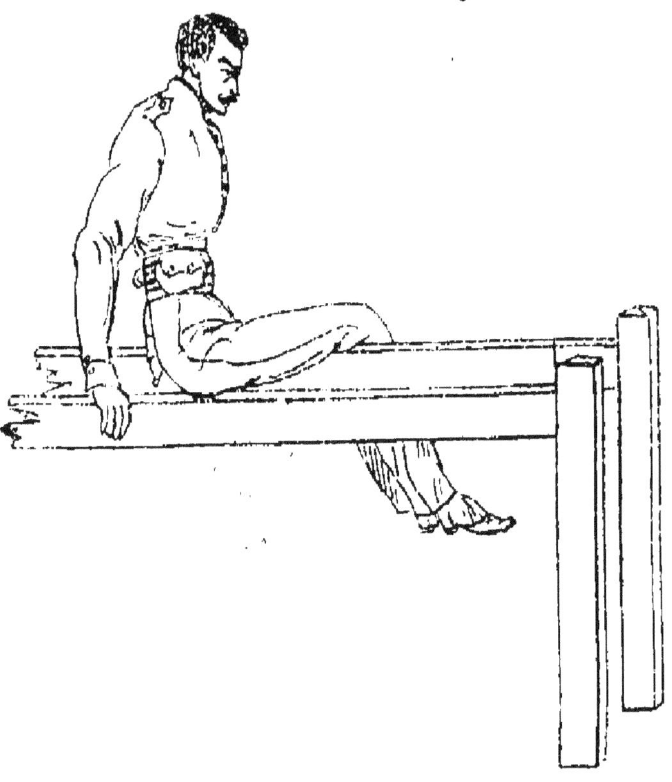

N.º 7.
Porter les jambes en avant sur la barre
droite et ensuite sur la barre gauche.

Nº 8.

Porter les Jambes en arrière sur la barre
droite et ensuite sur la barre gauche.

N.º 9.

Soutenir le corps sur les Poignets
dans une position horizontale.

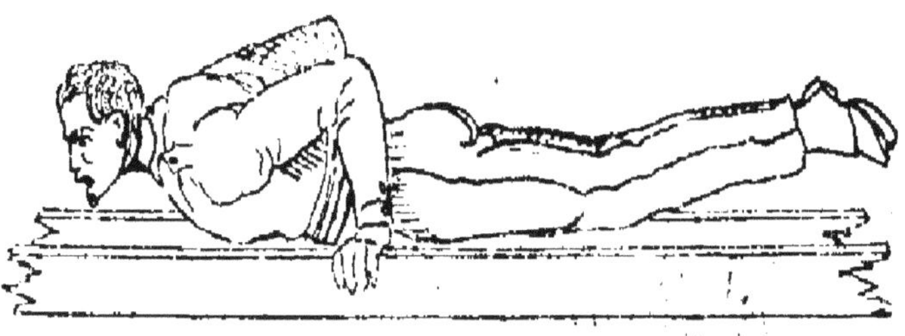

N.º 10.

Se lancer à terre en avant
vers la droite ou vers la gauche.

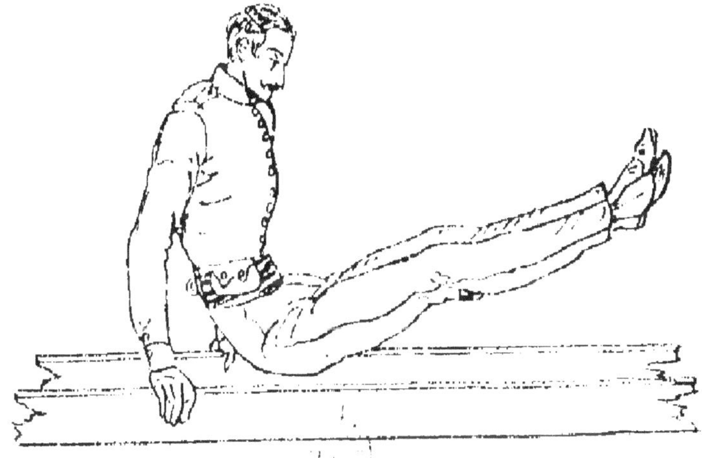

Nº 11.

Se lancer à terre en arrière
vers la droite ou vers la gauche.

Nos 12, 13, 14.
Franchir les Barres.

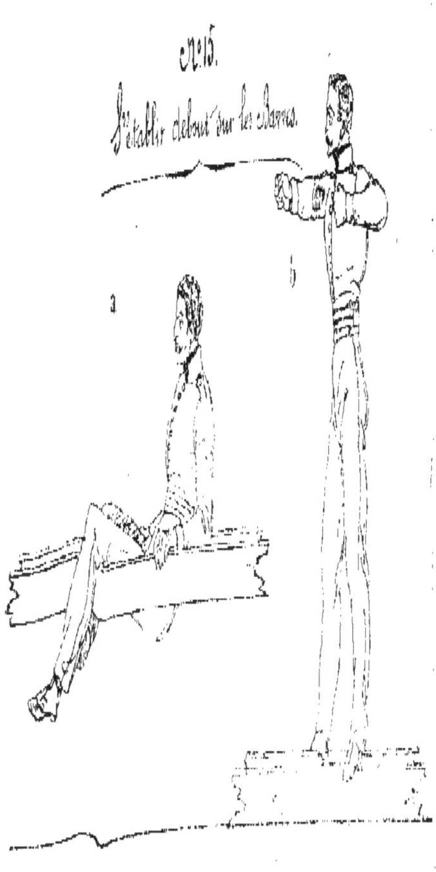

No 15.
S'établir debout sur les Barres.

Pl. 1.
Enlever le corps et les jambes, les mains sur la croupe,
et se lancer en arrière.
a
b

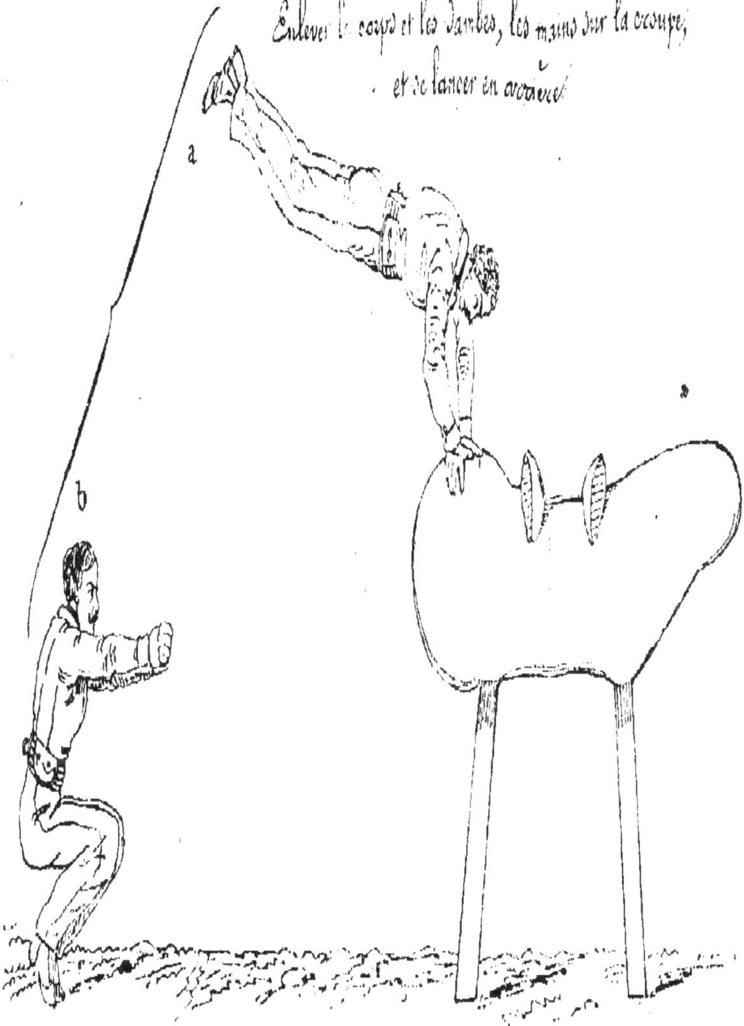

N°2
S'asseoir sur la croupe face à droite ou face à gauche.
a
b
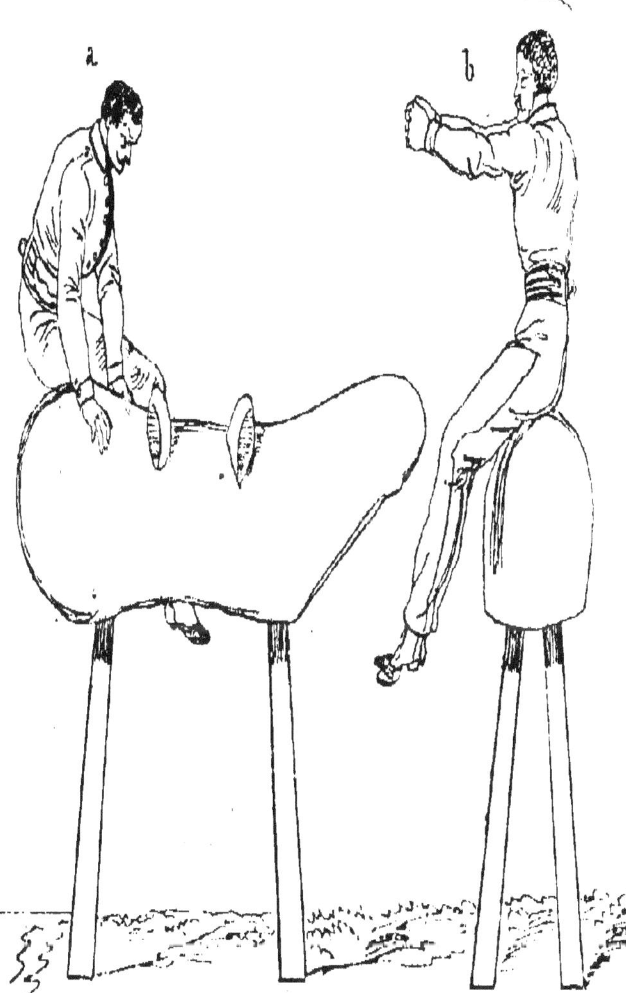

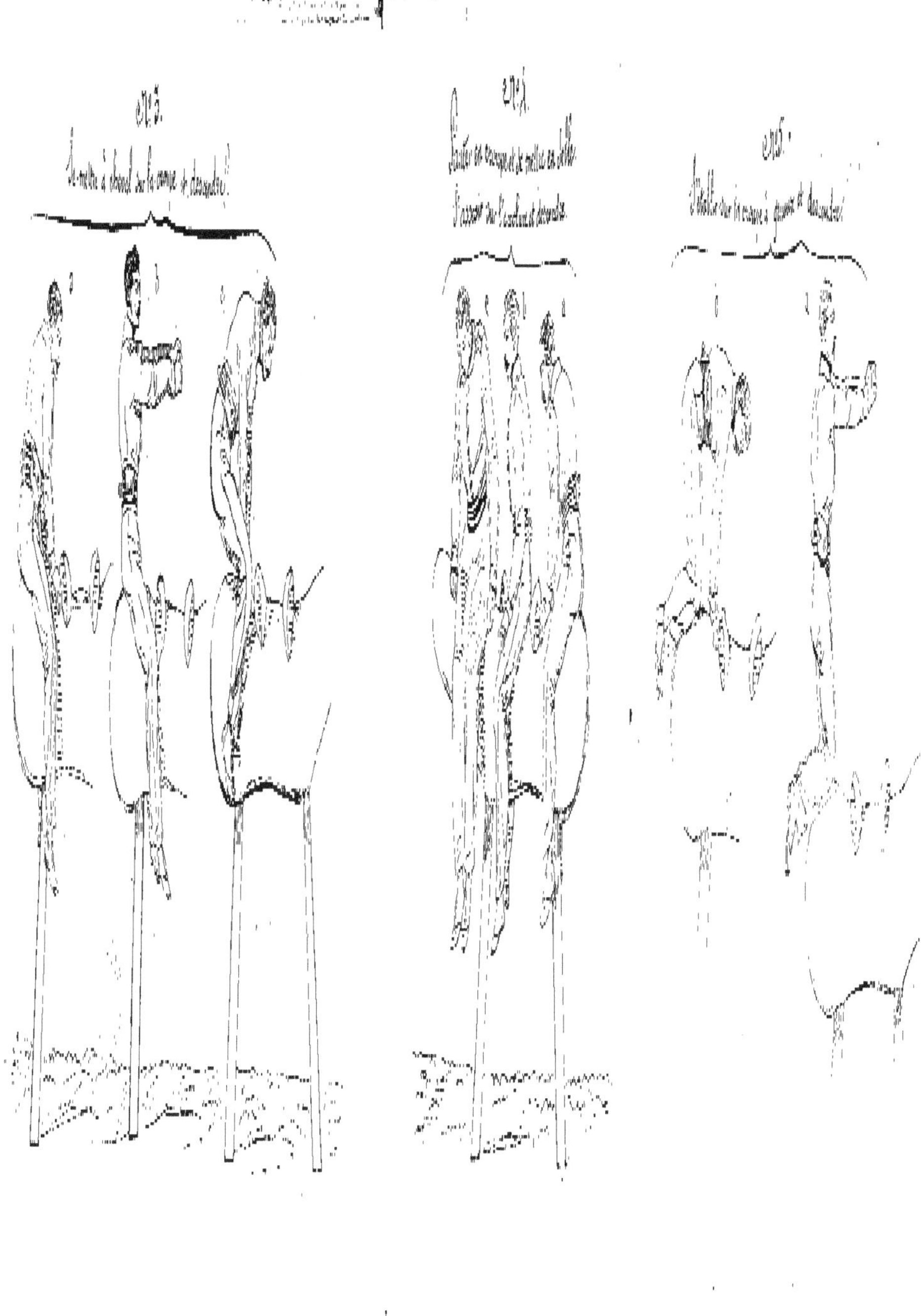
N° 5.
Se mettre à cheval sur la corde et s'arrêter.
N° 6.
Sauter en croupe et se mettre en selle
S'assurer sur l'assiette et descendre
N° 7.
S'établir sur la croupe à genoux et descendre

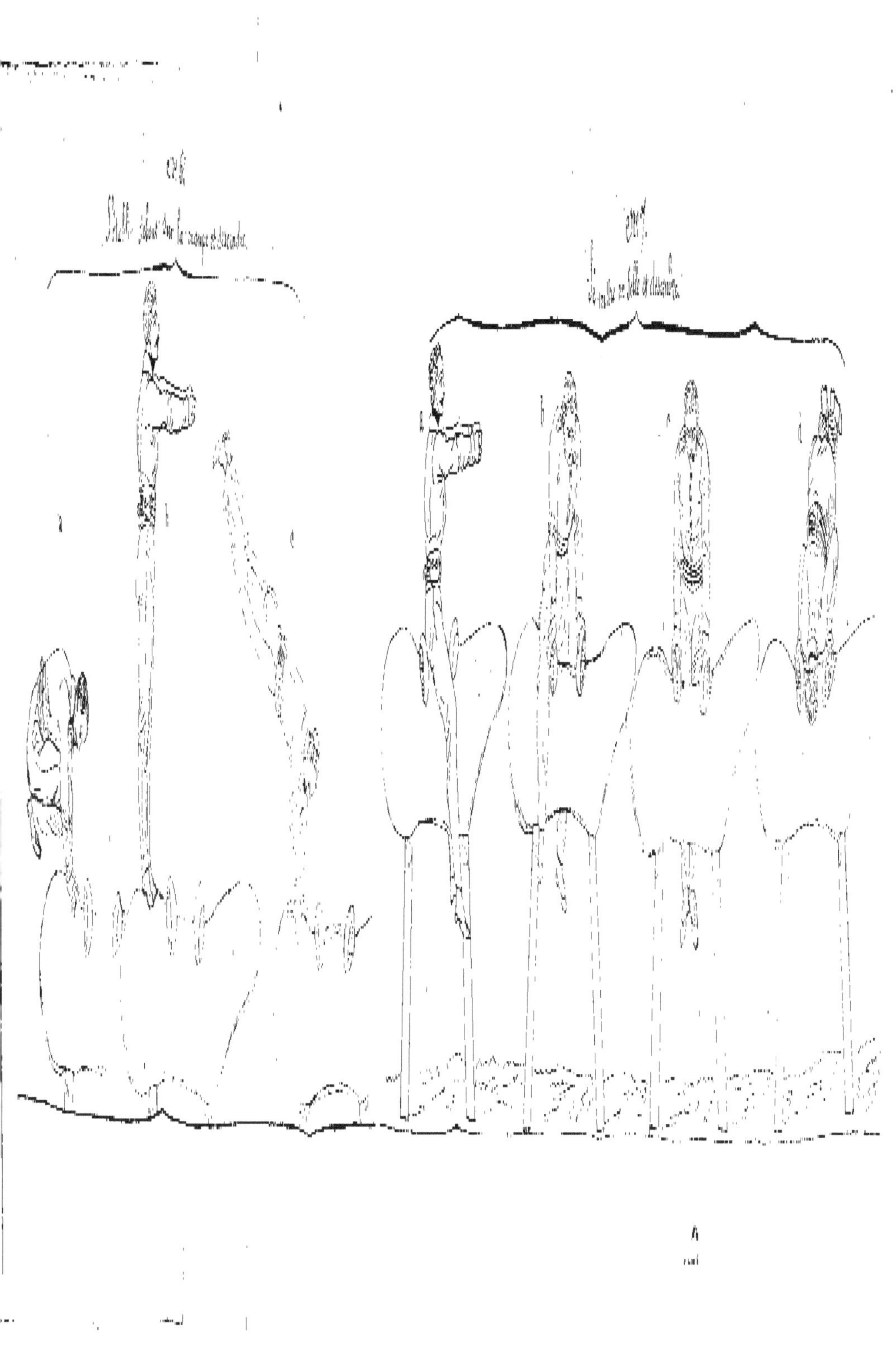

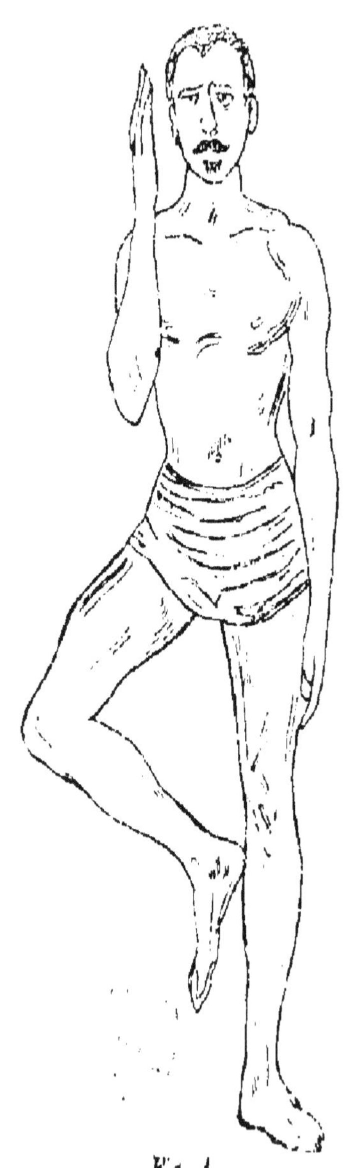

Fig 1.

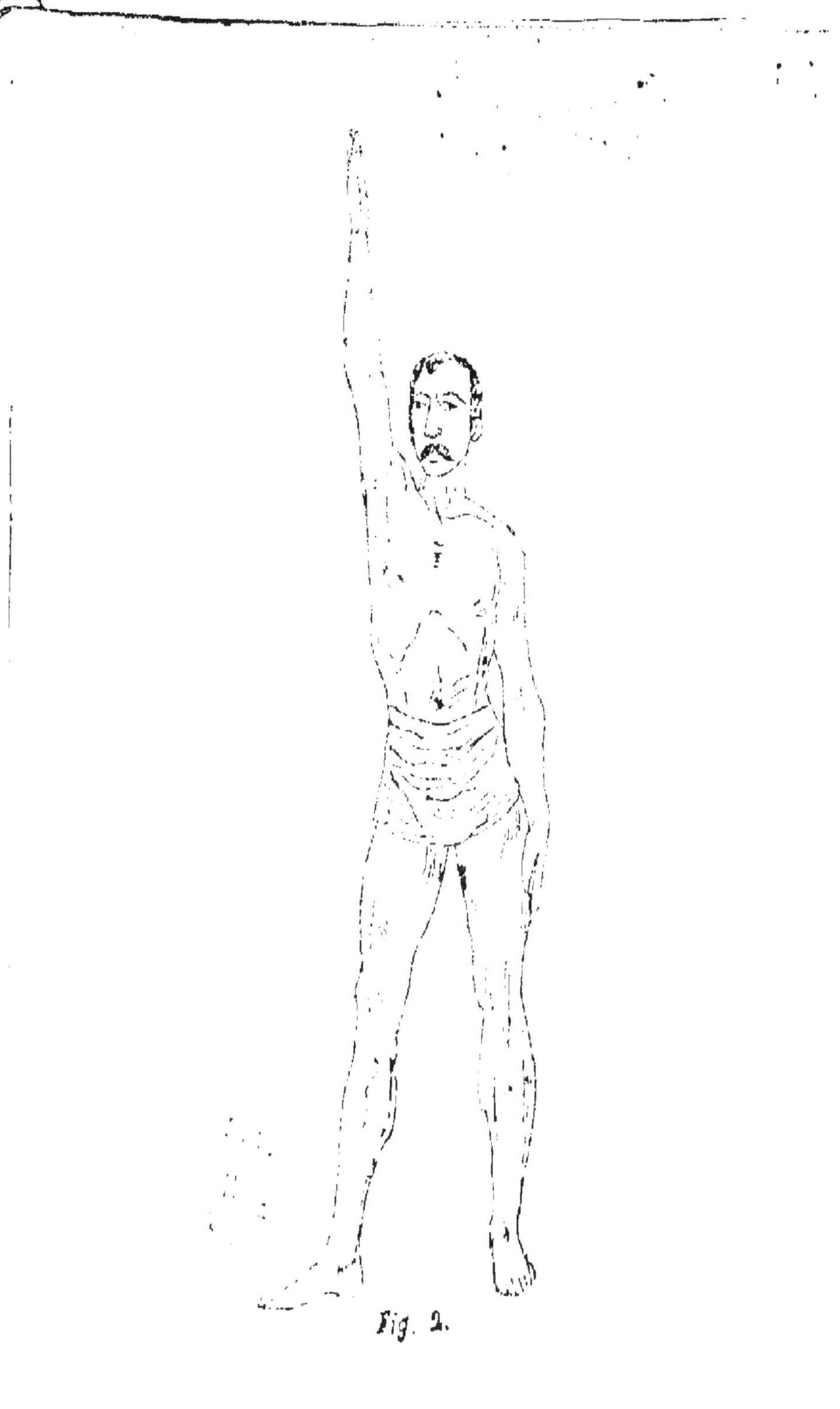

Fig. 2.

Fig. 3.

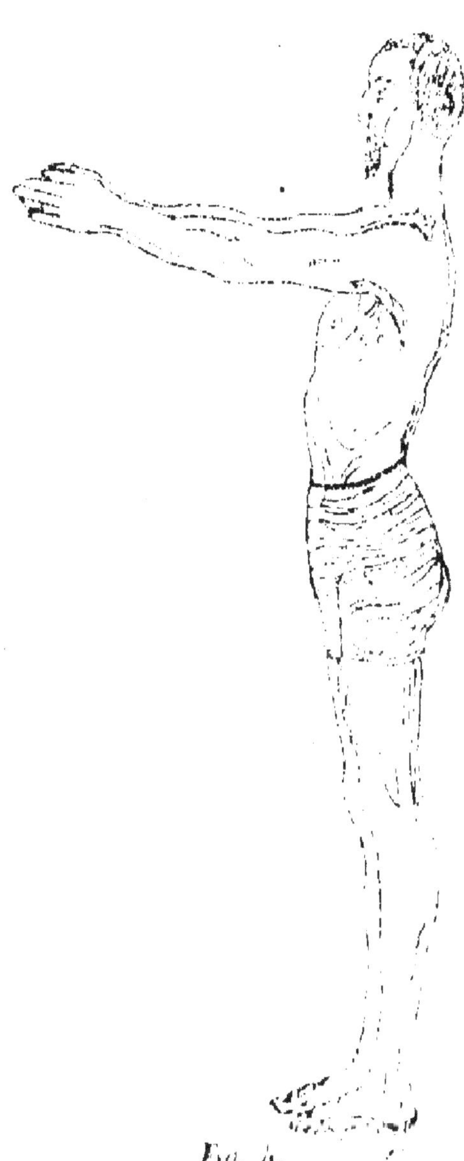

Fig. 4.

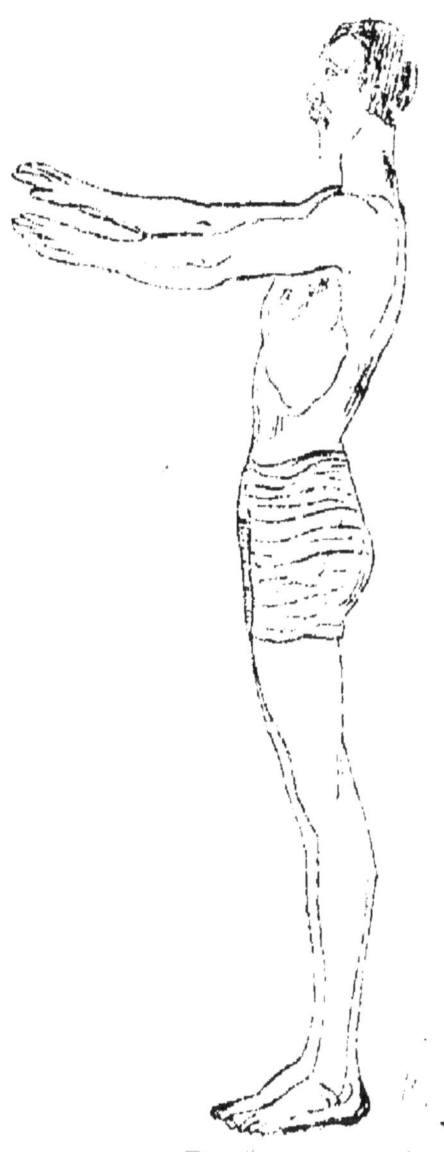

Fig. 8.

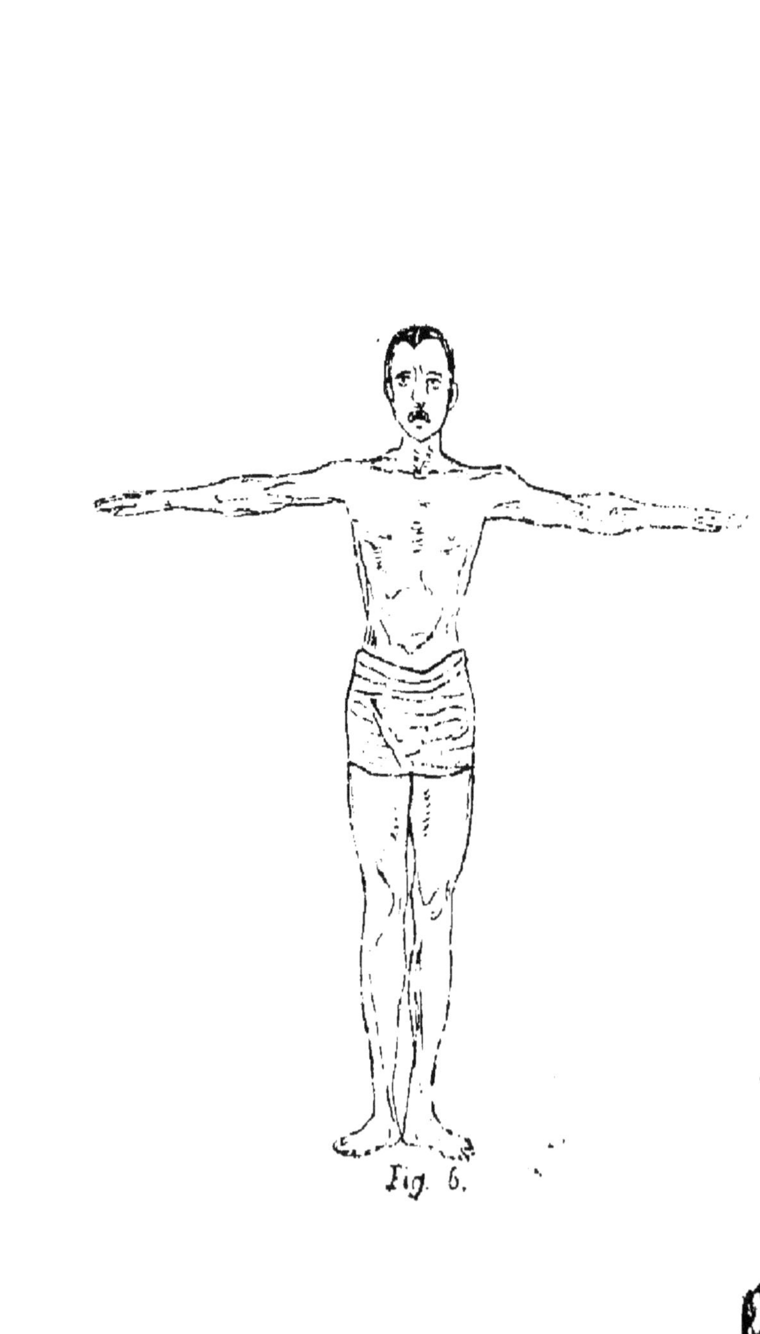

Fig. 6.

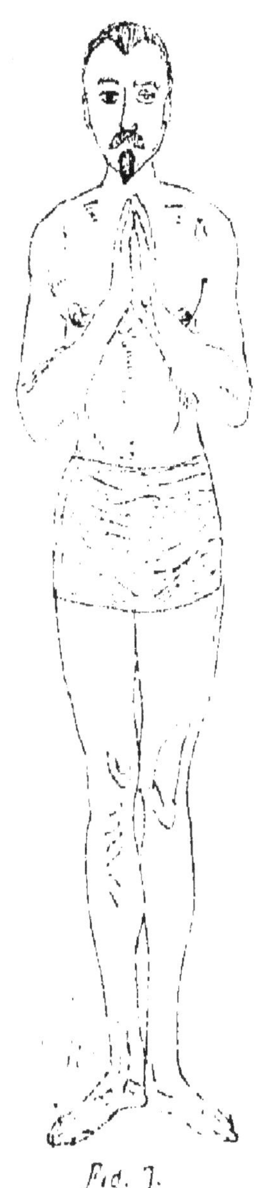

Fig. 7.

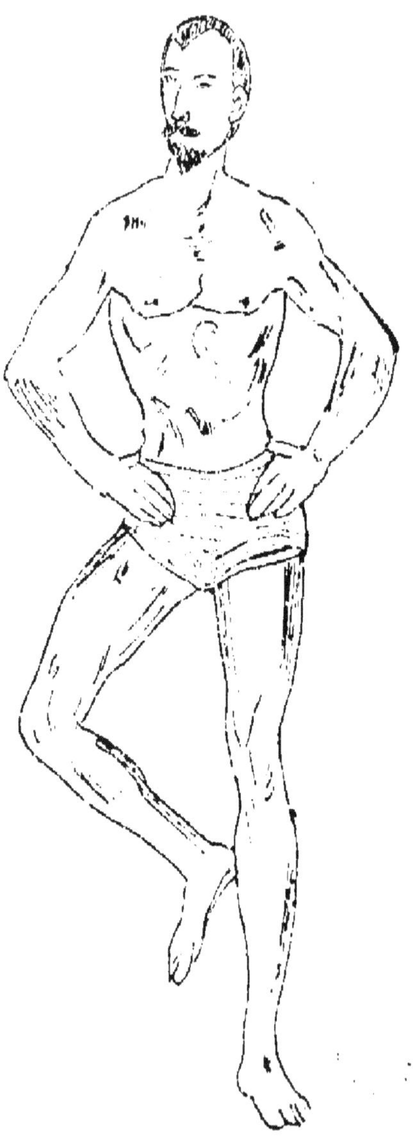

Fig 8.

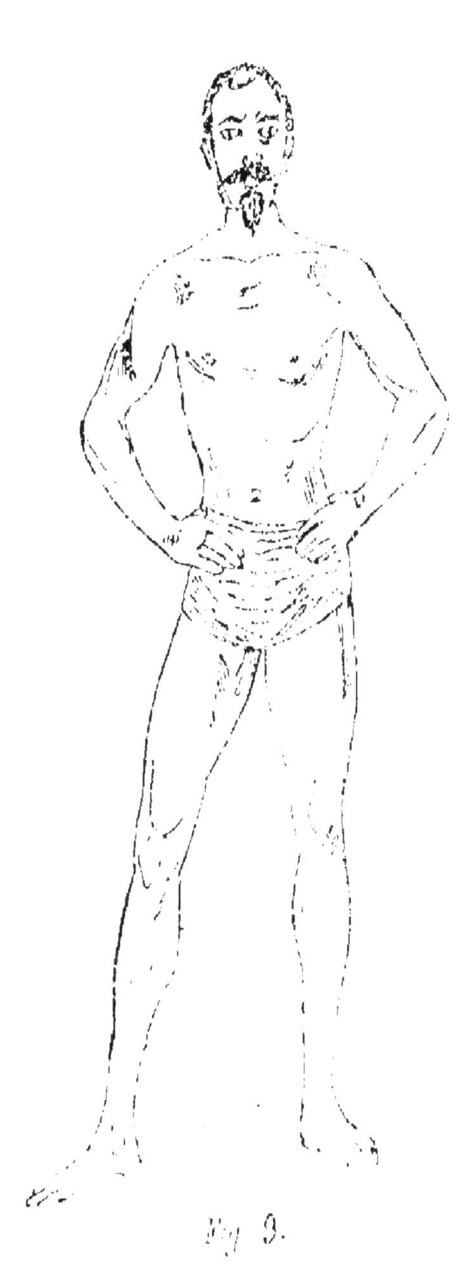

Fig. 9.

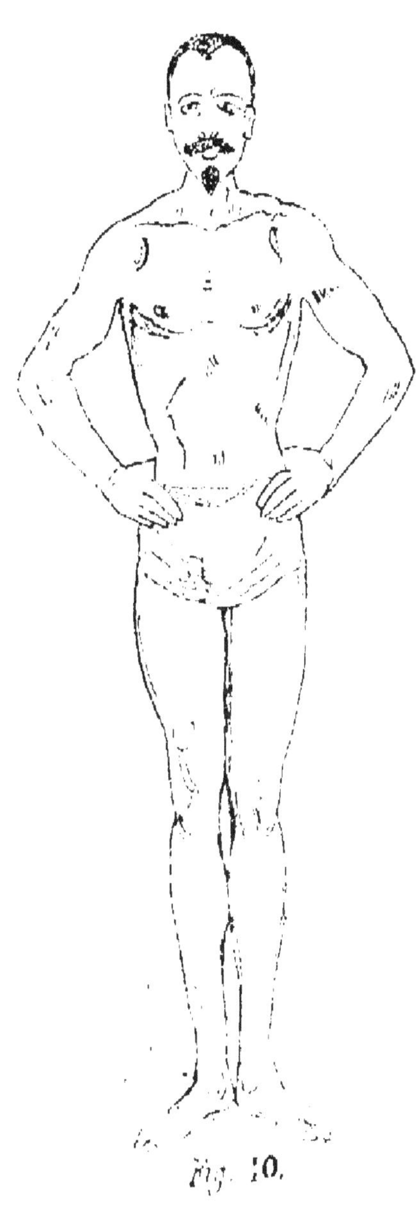

Fig. 10.

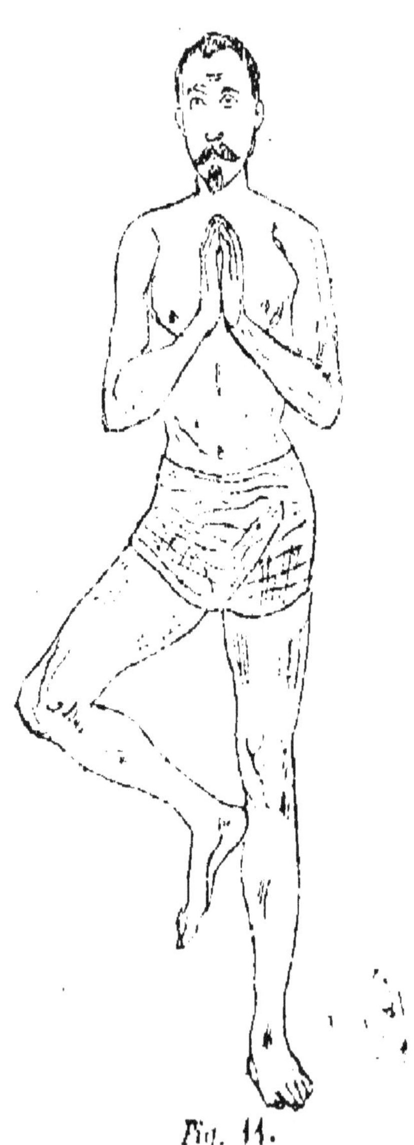

Fig. 11.

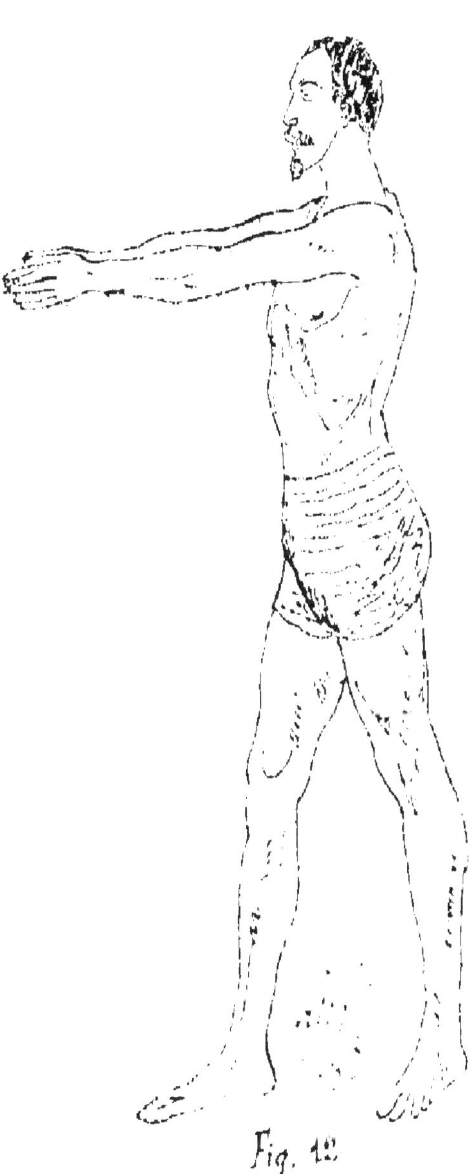

Fig. 12.

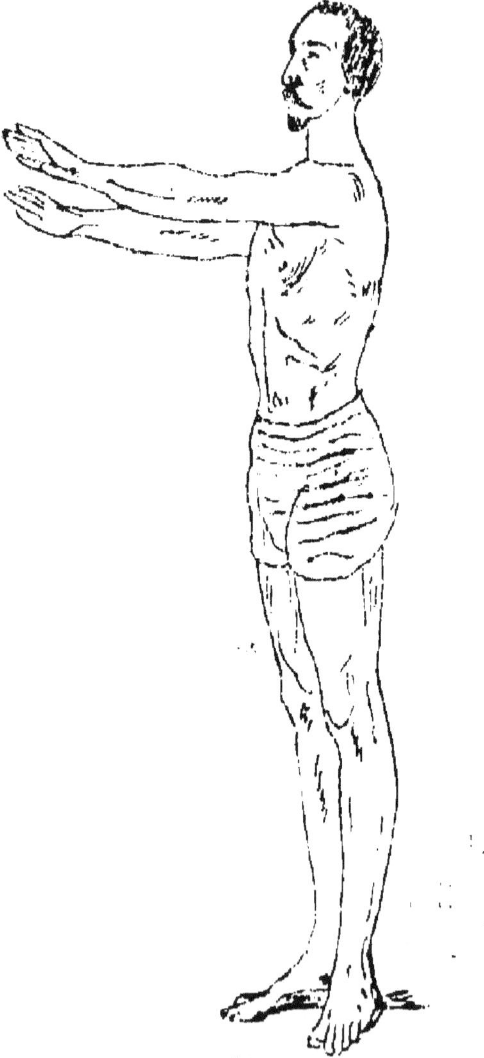

Fig. 13.

Fig. 14.

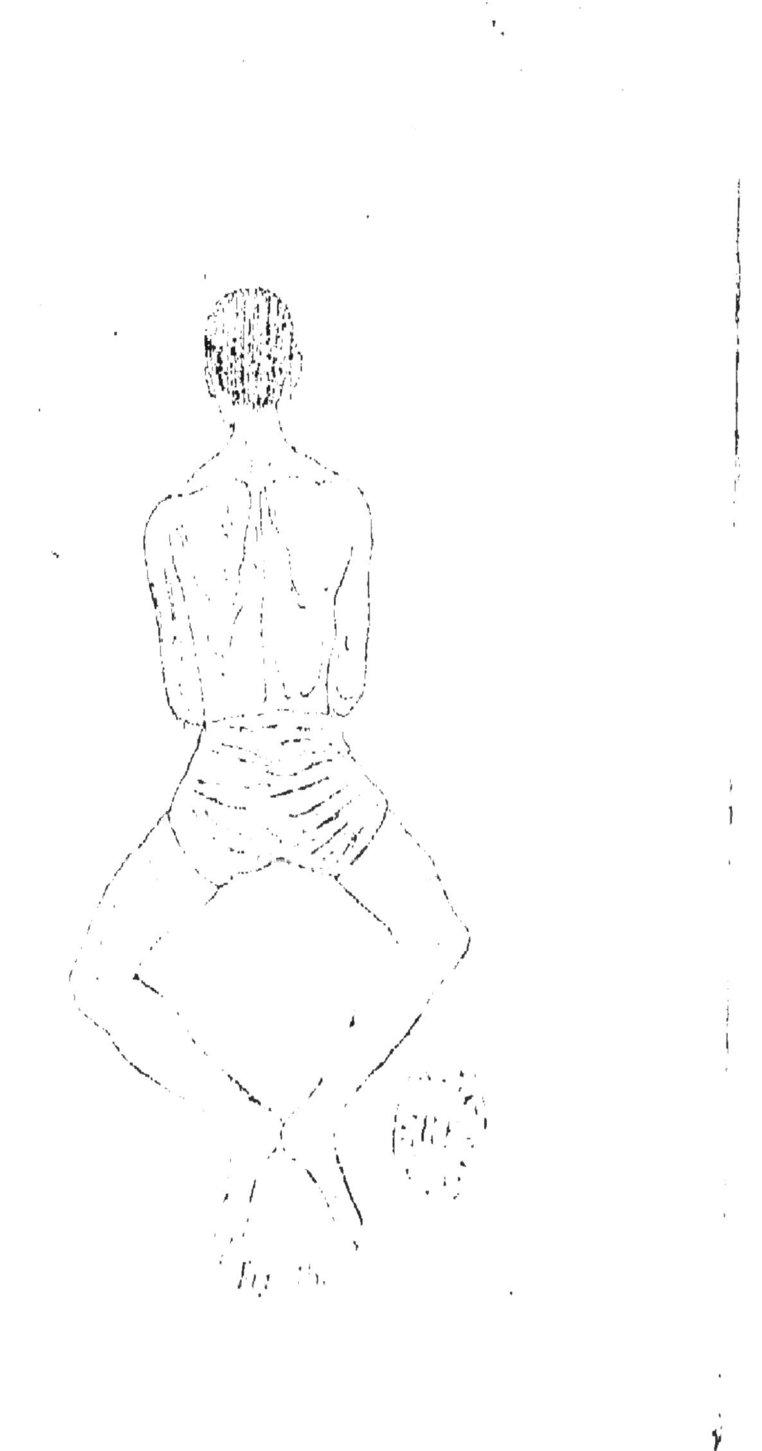

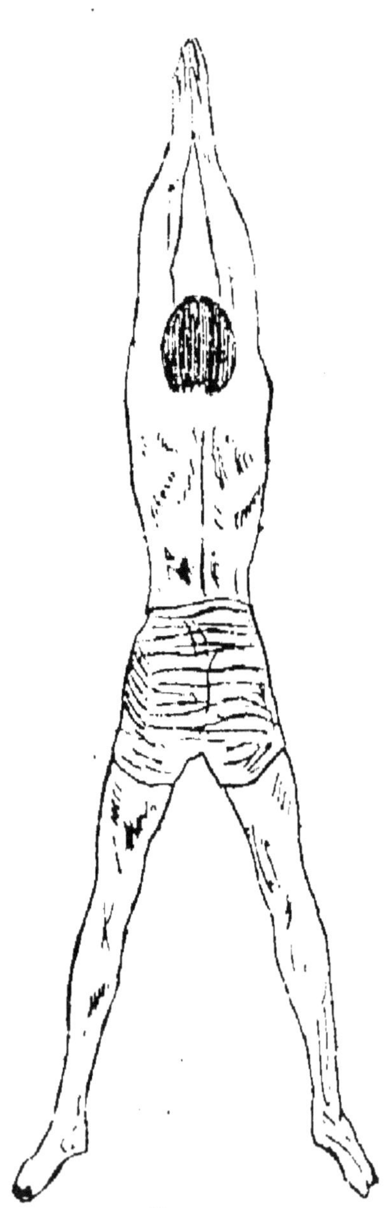

Fig. 16.

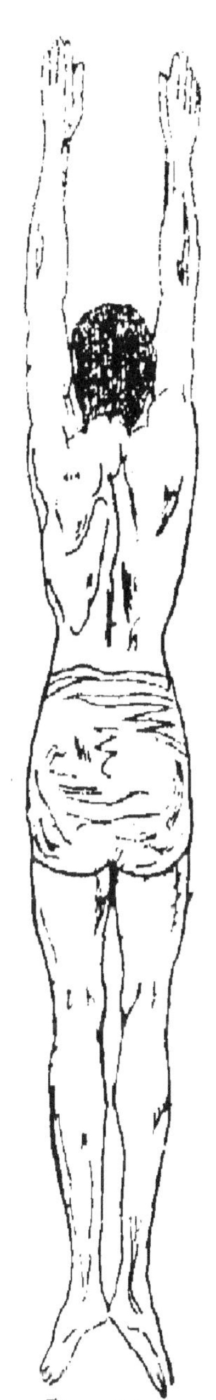

Fig. 17.

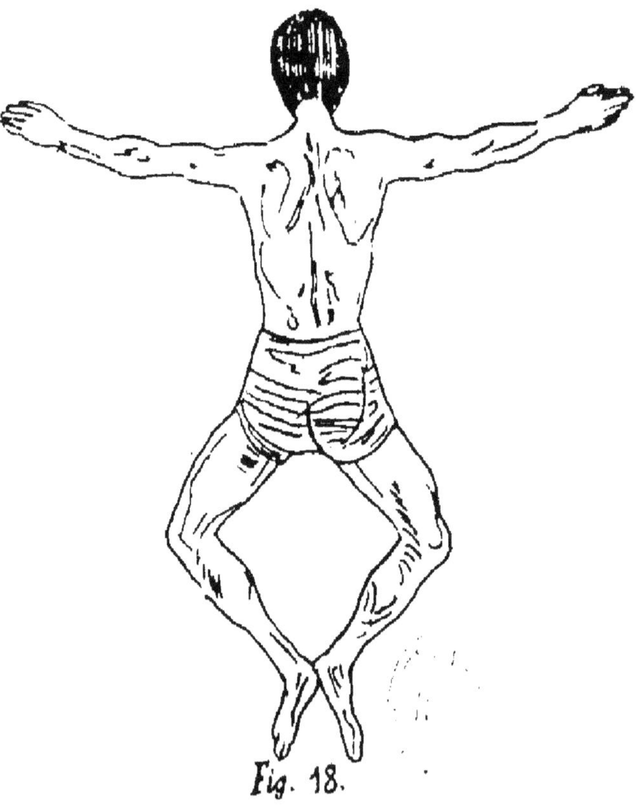

Fig. 18.

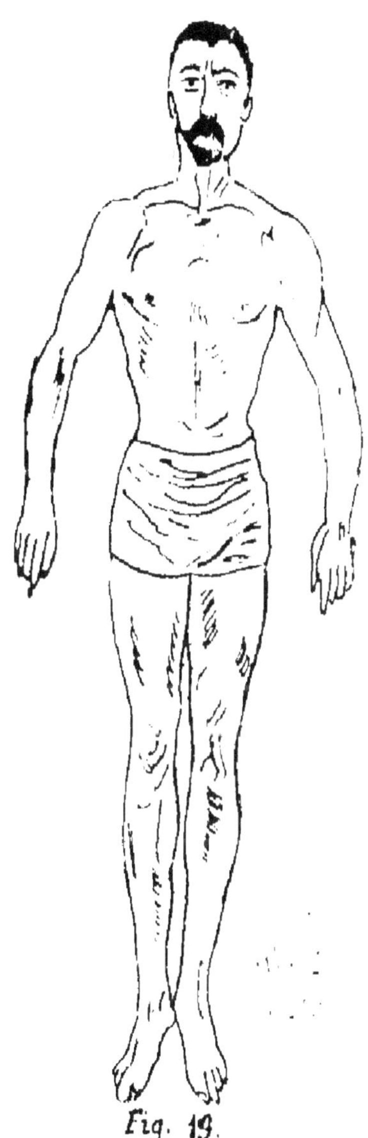

Fig. 19.

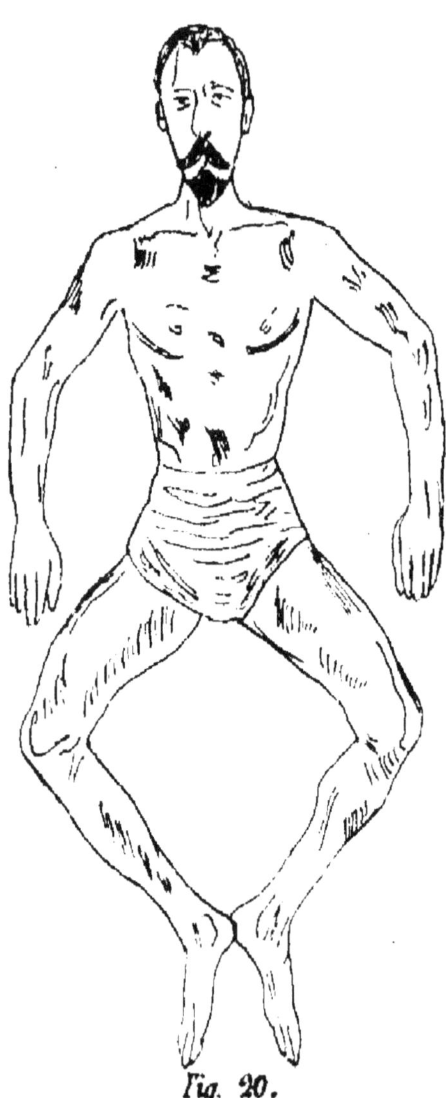

Fig. 20.

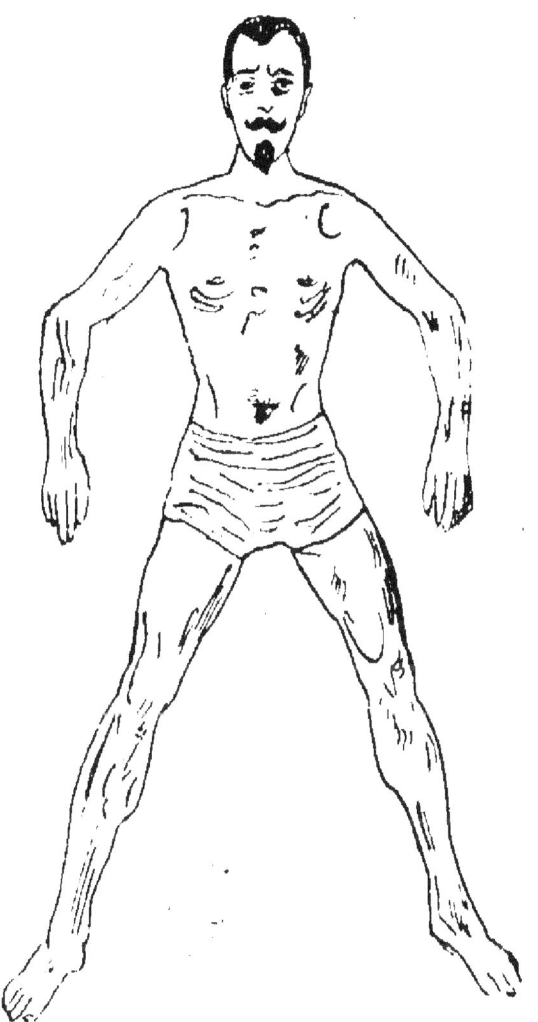

Fig. 21.

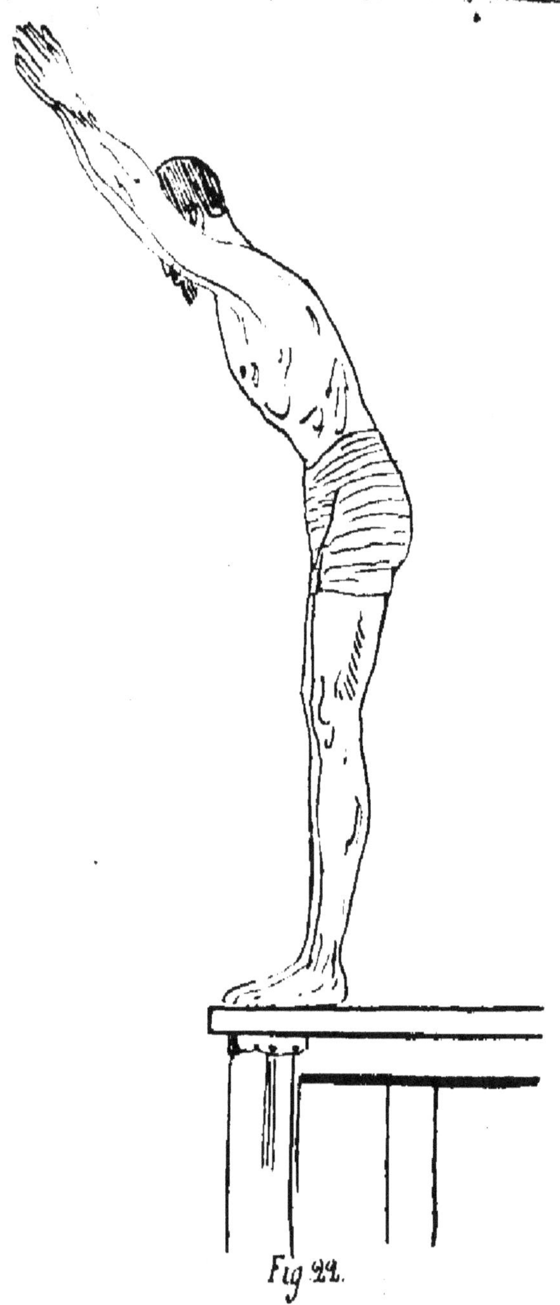

Fig 24.

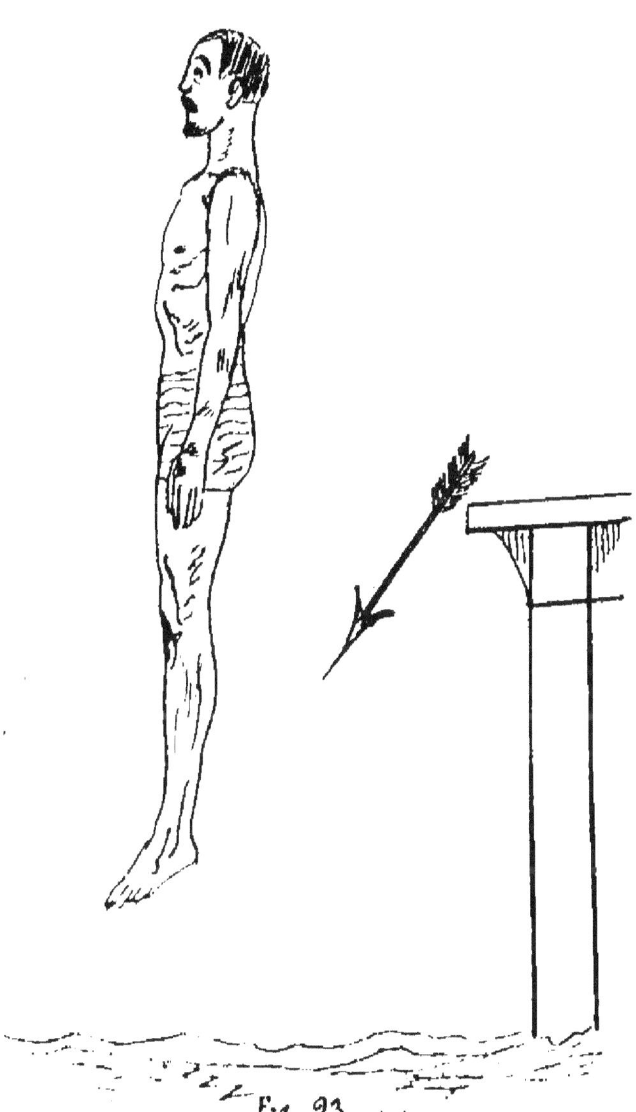

Fig. 23.